DÉFENSE

DU

[illegible] LOUIS AUGUSTE BLANQUI

DEVANT

LA COUR D'ASSISES.

1832.

PARIS

IMPRIMERIE DE AUGUSTE MIE,

[illegible]

1832.

Au mois de janvier 1831, les Ecoles de droit, de médecine et des beaux-arts se formèrent en association politique; un comité composé d'étudians de diverses facultés était à la tête de cette association.

Louis-Auguste Blanqui fit paraître le 22 janvier la déclaration suivante, au nom du comité dont il était membre.

« Quand nous sommes sortis des barricades de juillet, tout sanglans avec la liberté, nous avons dit aux hommes qui se présentaient comme les amis et les tuteurs de la France : « Nous « confions à votre patriotisme cette liberté qui nous a coûté si « cher; elle est maintenant un bien commun à tous les Français; « nous vous remettons le soin de la leur répartir; n'en soyez « point avares. »

« Les étudians attendaient leur part, et elle eût été large, si on l'avait mesurée sur la part qui leur était échue dans le combat et dans les funérailles. Parqués, sous le règne de la restauration, dans une étroite enceinte de décrets et d'ordonnances arbitraires, ils pensaient avoir brisé à jamais, dans la grande bataille du peuple, les barrières élevées par la prévoyance du despotisme. Mais voici que les hommes qui devaient nous payer le prix du sang, se retranchent contre nous dans cet arsenal de tyrannie ; voici qu'un ministre, que plusieurs parmi nous se souviennent d'avoir rencontré dans toutes les conspirations, ne trouve rien de mieux que de se jeter dans les bras de nos plus implacables ennemis, des séides des Bourbons, placés par les *commis* de la Sainte-Alliance à la tête de l'enseignement pour étouffer l'enseignement; voici qu'un ministre, ancien *carbonaro*, exhumant la sanglante ordonnance du 5 juillet 1820, la suspend de nouveau sur nos têtes, toute menaçante du nom de *Lallemand*.

« Nous l'avouons, en voyant tant de promesses violées, en voyant notre bonne foi, à nous jeunes gens simples et confians, si outrageusement trompée, notre avenir sacrifié, le sang de nos frères compté pour rien, nos cœurs ont été flétris. Mais il est plus facile de nous tromper que de nous abattre, et puisque les hommes du pouvoir n'entendent que lorsqu'on parle haut, nous nous mettrons en demeure d'être écoutés. Aussi bien, la leçon est excellente pour nous enseigner qu'en fait de liberté il ne faut pas attendre, mais qu'il faut prendre. Les vieillards l'ont dit, l'expérience est bonne aux jeunes gens.

« Les étudians ont le droit de s'associer pour diriger leurs efforts vers un but commun, et ils useront de ce droit. Quant à leur but, il est simple : il s'agit pour eux de faire que la révolution de juillet ne soit pas un mensonge; il faut que tout l'édifice construit par l'empire et par la restauration soit renversé, et comme il n'est pas tombé encore une seule pierre de cet édifice, ils travailleront infatigablement à le battre en brèche et à le démolir.

« Nous demandons la destruction de l'Université;

« Nous demandons la destruction du monopole le plus odieux et le plus funeste au pays, de celui qui tarit la civilisation dans sa source, et qui est l'outrage le plus cruel infligé à l'intelligence humaine. Certes, l'Université du moyen-âge était une admirable institution et l'œuvre d'un puissant génie. Fondée dans les temps d'oppression et de l'anarchie féodale, dans le but de soustraire la science à la domination du glaive, seule puissance reconnue alors, l'Université était comme une oasis de liberté, réservée à la civilisation, au milieu de ces déserts de barbarie et d'esclavage. Les priviléges presque monstrueux dont les rois de France l'avaient entourée à l'envi, en faisaient un sanctuaire impénétrable aux violences féodales, et toujours respecté dans les discordes les plus désastreuses. Un étudiant, eût-il commis le plus grand crime, par cela seul qu'il était étudiant, et qu'il recélait une faible partie de ce feu sacré de la science dont les rois protégeaient le foyer, échappait à la juridiction commune, et n'était justiciable que d'un tribunal pris dans le corps de L'Université.

Mais depuis que la liberté est devenue le droit commun, depuis que, grâces à Dieu, les lumières et la civilisation n'ont plus besoin de tuteurs ni de priviléges, ce qui, autrefois, était destiné à propager l'instruction bien au-delà des besoins, des temps, ne sert plus aujourd'hui, par une métamorphose incroyable, qu'à l'étouffer dans une gothique enceinte. L'Université, façonnée par Napoléon en instrument de despotisme, si bien exploité par la restauration, ne doit pas survivre à ces deux tyrannies. Nous sommes las de cet exécrable impôt qui frappe ce qu'il y a de plus saint et de plus sacré, ce qui fait l'homme et le citoyen, l'instruction.

« Et encore cette instruction, quand nous l'avons achetée de nos plus belles années d'études, prolongées à dessein par la cupidité et par la haine des lumières, ces mêmes hommes qui nous l'ont si chèrement vendue, comme monopoleurs, viendront, sous la forme de tribunal sans garantie et sans publicité, instrumens aveugles et pusillanimes, nous reprendre, sur un geste du pouvoir, ce que nous avions arraché à si grande peine, nous ravissant le fruit de nos travaux, et frappant de mort notre avenir.

« C'est ce joug odieux que nous rejetons de toutes nos forces.

« Que le pouvoir, dans sa superbe, nous traite d'enfans rebelles, oubliant qu'il était trop heureux de s'adresser à nous comme à des hommes le 22 décembre, et que prenant le langage de la dynastie abhorrée, il parle de ses réprimandes *paternelles* en nous écrasant de ses sévices; qu'il nous chasse de toutes les écoles de France, qu'il nous traîne de tribunaux en tribunaux, qu'il abreuve de chagrins et d'amertume nos vieux pères frappés dans leurs enfans! ce sera un beau et honorable spectacle, que celui de jeunes gens couverts des cicatrices de juillet traités en *Parias* sur le sol qu'ils ont racheté de leur sang. Mais qu'importe! à travers les persécutions, les violences, nous marcherons fermes, inébranlables, à notre but : nous sommes jeunes, nous sommes patiens; nous ne désespérons pas aisément de la liberté : nous l'avons conquise en juillet, elle est déjà perdue en janvier, eh bien! elle vaut la peine d'être conquise deux fois. Le bon droit et l'avenir sont à nous : le jour de la justice arrivera.

« Et vous tous, nos amis et nos frères, étudians des écoles de Paris et de la France entière, joignez vos efforts aux nôtres. Nos cris isolés se perdraient dans le tumulte immense de la société; mais unis en faisceaux d'acclamations, ils formeront une grande voix qui fera taire ces clameurs de la tyrannie. Rallions-nous à la devise immortelle: *liberté!* Dans la confusion de tous les cris que les passions et les vils intérêts ont cherché et cherchent encore à mêler à ce cri sacré : *liberté!* c'est son retentissement seul qui a fait vibrer nos cœurs : c'est elle seule qui a droit à notre amour, à notre culte : nous la voulons et nous l'aurons. »

COUR D'ASSISES

DE LA SEINE,

AUDIENCES DES 10, 11 ET 12 JANVIER 1832.

PRÉSIDENCE

DE M. JACQUINOT-GODARD,

ASSISTÉ

DES CONSEILLERS CRIGNON DE MONTIGNY ET CRESPIN DE LA RACHÉE.

AFFAIRE

DE LA SOCIÉTÉ DES AMIS DU PEUPLE.

RASPAIL, GERVAIS, Louis-Auguste BLANQUI, THOURET, HUBERT, TRÉLAT, BONNIAS, PLAGNIOL, JUCHAULT, DELAUNAY, sont au banc des accusés.

INTERROGATOIRE ET DÉFENSE

DU CITOYEN BLANQUI.

LE PRESIDENT à l'accusé. Quels sont vos nom, prénoms, âge, lieu de naissance et domicile.

BLANQUI. Louis-Auguste Blanqui, âgé de 26 ans, né à Nice, demeurant à Paris, rue de Montreuil, n. 96, faubourg Saint-Antoine.

LE PRESIDENT. Quelle est votre profession ?

BLANQUI. Prolétaire.

LE PRESIDENT. Ce n'est pas là une profession.

BLANQUI. Comment, ce n'est pas une profession ! c'est la profession de trente millions de Français qui vivent de leur travail et qui sont privés de droits politiques.

LE PRESIDENT. Eh bien! soit. Greffier, écrivez que l'accusé est prolétaire.

Après la défense de Gervais, Louis-Auguste Blanqui prend la parole, et s'exprime en ces termes :

Messieurs les jurés,

Je suis accusé d'avoir dit à 30 millions de Français, prolétaires comme moi, qu'ils avaient le droit de vivre. Si cela est un crime, il me semble du moins que je ne devrais en répondre qu'à des hommes qui ne fussent point juges et parties dans la question. Or, Messieurs, remarquez bien que le ministère public ne s'est point adressé à votre équité et à votre raison, mais à vos passions et à vos intérêts; il n'appelle pas votre rigueur sur un acte contraire à la morale et aux lois; il ne cherche qu'à déchaîner votre vengeance contre ce qu'il vous représente comme une menace à votre existence et à vos propriétés. Je ne suis donc pas devant des juges, mais en présence d'ennemis; il serait bien inutile dès lors de me défendre. Aussi je suis résigné à toutes les condamnations qui pourraient me frapper, en protestant néanmoins avec énergie contre cette substitution de la violence à la justice, et en me remettant à l'avenir du soin de rendre la force au droit. Toutefois, s'il est de mon devoir, à moi prolétaire, privé de tous les droits de la cité, de décliner la compétence d'un tribunal où ne siégent que des privilégiés qui ne sont point mes pairs, je suis convaincu que vous avez le cœur assez haut placé pour apprécier dignement le rôle que l'honneur vous impose dans une circonstance où on livre en quelque sorte à votre immolation des adversaires désarmés. Quant au nôtre, il est tracé d'avance; le rôle d'accusateur est le seul qui convienne aux opprimés.

Car, il ne faut pas s'imaginer que des hommes investis par surprise et par fraude d'un pouvoir d'un jour, pourront à leur gré traîner les patriotes devant leur justice, et nous contraindre, en montrant le glaive, à demander miséricorde pour notre patriotisme. Ne croyez pas que nous venions ici pour nous justifier des délits qu'on nous impute! bien loin de là, nous nous honorons de l'imputation, et c'est de ce banc même des criminels, où on doit tenir à honneur de s'asseoir aujourd'hui, que nous lancerons nos accusations contre les malheureux qui ont ruiné et déshonoré la France, en attendant que l'ordre naturel soit rétabli dans les rôles pour lesquels sont faits les bancs opposés de cette enceinte, et qu'accusateurs et accusés soient à leur véritable place.

Ce que je vais dire expliquera pourquoi nous avons écrit les lignes incriminées par les gens du roi, et pourquoi nous en écrirons encore.

Le ministère public a, pour ainsi dire, montré en perspective à vos imaginations une révolte des esclaves, afin d'exciter votre haine par la crainte. « Vous voyez, a-t-il dit, c'est la guerre des » pauvres contre les riches; tous ceux qui possèdent sont inté- » ressés à repousser l'invasion. Nous vous amenons vos ennemis; » frappez-les avant qu'ils ne deviennent plus redoutables. »

Oui, Messieurs, ceci est la guerre entre les riches et les pauvres : les riches l'ont ainsi voulu, car ils sont les agresseurs (1); seulement

(1) Passage incriminé par la Cour.

ils trouvent mauvais que les pauvres fassent résistance ; ils diraient volontiers, en parlant du peuple : « Cet animal est si féroce, qu'il » se défend quand on l'attaque. » Toute la philippique de M. l'avocat-général peut se résumer dans cette phrase.

On ne cesse de dénoncer les prolétaires comme des voleurs prêts à se jeter sur les propriétés : pourquoi? parce qu'ils se plaignent d'être écrasés d'impôts au profit des privilégiés. *Quant aux privilégiés, qui vivent grassement de la sueur du prolétaire* (1), ce sont de légitimes possesseurs menacés du pillage par une avide populace. Ce n'est pas la première fois que les bourreaux se donnent des airs de victimes. Qui sont donc ces voleurs dignes de tant d'anathèmes et de supplices? Trente millions de Français qui paient au fisc un milliard et demi, et une somme à peu près égale aux privilégiés. Et les possesseurs que la société entière doit couvrir de sa puissance, ce sont deux ou trois cent mille oisifs qui dévorent paisiblement les milliards payés par les voleurs. Il me semble que c'est là, sous une nouvelle forme, et entre d'autres adversaires, la guerre des barons féodaux contre les marchands qu'ils détroussaient sur les grands chemins.

En effet, le gouvernement actuel n'a point d'autre base que cette inique répartition des charges et des bénéfices. La restauration l'a instituée en 1814 sous le bon plaisir de l'étranger, dans le but d'enrichir une imperceptible minorité des dépouilles de la nation. Cent mille bourgeois en forment ce qu'on appelle, par une ironie amère, l'élément démocratique. Que sera-t-il, bon Dieu ! des autres élémens? *Paul Courrier a déjà immortalisé la marmite représentative ; cette pompe aspirante et foulante qui foule la matière appelée peuple, pour en aspirer des milliards incessamment versés dans les coffres de quelques oisifs, machine impitoyable qui broie un à un vingt-cinq millions de paysans et cinq millions d'ouvriers pour extraire le plus pur de leur sang et le transfuser dans les veines des privilégiés* (2). Les rouages de cette machine, combinés avec un art merveilleux, atteignent le pauvre à tous les instans de la journée, le poursuivent dans les moindres nécessités de son humble vie, se mettent de moitié dans son plus petit gain, dans la plus misérable de ses jouissances. Et ce n'est pas assez de tant d'argent qui voyage des poches du prolétaire à celle du riche, en passant par les abîmes du fisc ; des sommes plus énormes encore sont levées directement sur les masses par les privilégiés au moyen des lois qui régissent les transactions industrielles et commerciales, lois dont ces privilégiés possèdent la fabrication exclusive.

Pour que le propriétaire retire de ses champs un gros fermage, les blés étrangers sont frappés d'un droit d'entrée qui augmente le prix du pain ; or, vous savez que quelques centimes de plus ou moins sur une livre de pain, c'est la vie ou la mort de plusieurs milliers d'ouvriers. Cette législation des céréales écrase surtout les populations maritimes du Midi. Pour enrichir quelques gros fabri-

(1) Passage condamné par la Cour.
(2) Passage dénaturé par la Cour qui l'a condamné.

cans et propriétaires des forêts, on soumet à des droits énormes les fers d'Allemagne et de Suède, en sorte que les paysans sont contraints de payer bien cher de mauvais outils, tandis qu'ils pourraient s'en procurer d'excellens à bon marché ; l'étranger à son tour se venge de nos prohibitions en repoussant les vins français de ses marchés, ce qui, joint aux impôts qui pèsent sur cette denrée à l'intérieur, réduit à la misère les contrées les plus riches de la France, et tue la culture de la vigne, la plus naturelle au pays, la culture véritablement indigène, celle qui favorise le plus la mobilisation du sol et la petite propriété. Je ne parlerai pas de l'impôt sur le sel, de la loterie, du monopole des tabacs, en un mot, de cet inextricable réseau d'impôts, de monopoles, de prohibitions, de droits de douanes et d'octroi, qui enveloppe le prolétaire, qui enchaîne et atrophie ses membres? Il suffit de dire que cette masse d'impôts est répartie de manière à épargner toujours le riche, et à peser exclusivement sur le pauvre, *ou plutôt que les oisifs exercent un indigne pillage sur les masses laborieuses* (1). Le pillage est indispensable en effet.

Ne faut-il pas une grosse liste civile pour défrayer la royauté, la consoler du sacrifice sublime qu'elle a fait de son repos au bonheur du pays? Et puisqu'un des principaux titres des Bourbons cadets à l'hérédité consiste dans leur nombreuse famille, l'état n'ira pas faire mesquinement les choses, et refuser des apanages aux princes, des dots aux princesses. Il y a aussi cette immense armée de sinécuristes, de diplomates, de fonctionnaires que la France, pour son bonheur, doit fournir de gros traitemens. afin qu'ils enrichissent de leur luxe la bourgeoisie privilégiée, car tout l'argent des parties prenantes au budget est dépensé dans les villes, et il ne doit pas retourner aux paysans un seul sou du milliard et demi dont ils paient les cinq sixièmes.

Ne faut-il pas aussi que ce nouvel astre financier, ce Gilblas du 19me siècle, courtisan et apologiste de tous les ministères, favori du comte d'Olivarès comme du duc de Lerme, puisse vendre les hauts emplois à beaux deniers comptans? Il est indispensable de graisser les grands rouages de la machine représentative, de doter richement fils, neveux, cousins, cousines. Et les courtisans, les courtisanes, les intrigans, les croupiers qui cotent à la bourse l'honneur et l'avenir du pays, les entremetteuses, les maîtresses, les agens fournisseurs, les écrivains de police, qui spéculent sur la chute de la Pologne, toute cette vermine des palais et des salons, ne faut-il pas gorger d'or tout cela? Ne faut-il pas pousser à la fermentation de ce fumier qui féconde si heureusement l'opinion publique?

Voilà le gouvernement que les bouches d'or du ministère nous donnent comme le chef-d'œuvre des systèmes d'organisation sociale, le résumé de tout ce qu'il y a eu de bien et de parfait dans les divers mécanismes administratifs depuis le déluge; voilà ce qu'ils vantent comme le *nec plus ultra* de la perfectibilité humaine en matière de gouvernement! C'est tout bonnement la théorie de la corruption poussée à ses dernières limites. La plus forte preuve

(1) Passage condamné par la Cour.

que cet ordre de choses n'est institué qu'en vue de l'exploitation du pauvre par le riche, qu'on n'a cherché d'autre base qu'un matérialisme ignoble et brutal, c'est que l'intelligence est frappée d'ilotisme. En effet, elle est une garantie de moralité, et la moralité introduite par mégarde dans un pareil système ne pourrait y entrer que comme élément infaillible de destruction.

Je le demande, Messieurs, comment des hommes de cœur et d'intelligence, rejetés au rang de parias par une plate aristocratie d'argent, ne ressentiraient-ils pas profondément un si cruel outrage? Comment pourraient-ils demeurer indifférens à la honte de leur pays, aux souffrances des prolétaires, leurs frères d'infortune? Leur devoir est d'appeler les masses à briser un joug de misère et d'ignominie; ce devoir je l'ai rempli malgré les prisons; nous le remplirons jusqu'au bout en bravant nos ennemis. Quand on a derrière soi un grand peuple qui marche à la conquête de son bien-être et de sa liberté, on doit savoir se jeter dans les fossés pour servir de fascines et lui faire un chemin.

Les organes ministériels répètent avec complaisance qu'il y a des voies ouvertes aux doléances des prolétaires, que les lois leur présentent des moyens réguliers d'obtenir place pour leurs intérêts. C'est une dérision. Le fisc est là qui les poursuit de sa gueule béante; il faut travailler, travailler nuit et jour pour jeter incessamment de la pâture à la faim toujours renaissante de ce gouffre; bien heureux s'il leur reste quelques bribes pour tromper celle de leurs enfans. Le peuple n'écrit pas dans les journaux; il n'envoie pas de pétition aux chambres : ce serait temps perdu. Bien plus, toutes les voix qui ont un retentissement dans la sphère politique, les voix des salons, celles des boutiques, des cafés, en un mot de tous les lieux où se forme ce qu'on appelle l'opinion publique, ces voix sont celles des privilégiés; pas une n'appartient au peuple; il est muet; il végète éloigné de ces hautes régions où se règlent ses destinées. Lorsque, par hasard, la tribune ou la presse laissent échapper quelques paroles de pitié sur sa misère, on se hâte de leur imposer silence au nom de la sûreté publique, qui défend de toucher à ces questions brûlantes, ou bien on crie à l'anarchie. Que si quelques hommes persistent, la prison fait justice de ces vociférations qui troublent la digestion ministérielle. Et puis, quand il s'est fait un grand silence, on dit: « Voyez, la France est heureuse, elle est paisible : l'ordre règne!... »

Mais qu'en dépit des précautions, le cri de faim, poussé par des milliers de malheureux, parvienne jusqu'aux oreilles des privilégiés, ils rugissent, ils s'écrient : « Il faut que force reste à la loi! Une nation ne doit se passionner que pour la loi! » Messieurs, suivant vous, toutes les lois sont-elles bonnes? n'y en a-t-il jamais eu qui vous fissent horreur? n'en connaissez-vous aucune de ridicule, d'odieuse ou d'immorale? Est-il possible de se retrancher ainsi derrière un mot abstrait, qui s'applique à un chaos de quarante mille lois, qui signifie également ce qu'il y a de meilleur et ce qu'il y a de pire? On répond : « S'il y a de mauvaises lois, demandez-en la réforme légale; en attendant, obéissez..... » Ceci est une dérision encore plus amère. Les lois sont faites par cent mille élec-

teurs, appliquées par cent mille jurés, exécutées par cent mille gardes nationaux urbains, car on a soigneusement désorganisé les gardes nationales des campagnes, qui ressemblent trop au peuple. Or ces électeurs, ces jurés, ces gardes nationanx, ce sont les mêmes individus, lesquels cumulent les fonctions les plus opposées, et se trouvent tout à la fois législateurs, juges et soldats, en sorte que le même homme crée le matin un député, c'est-à-dire la loi, applique cette loi à midi en qualité de juré, et l'exécute le soir dans la rue sous le costume de garde national. Que font les trente millions de prolétaires dans toutes ces évolutions? Ils paient.

Les apologistes du gouvernement représentatif ont principalement fondé leurs éloges sur ce que ce système consacrait la séparation des trois pouvoirs législatif, judiciaire et exécutif. Ils n'avaient pas assez de formules admiratives pour ce merveilleux équilibre qui avait résolu le problème si long-temps cherché de l'accord de l'ordre avec la liberté, du mouvement avec la stabilité. Eh bien! il se trouve que c'est présisément le système représentatif, tel que les apologistes l'appliquent, qui concentre les trois pouvoirs entre les mains d'un petit nombre de privilégiés unis par les mêmes intérêts. N'est-ce point là une confusion qui constitue la plus monstrueuse des tyrannies, de l'aveu même des apologistes?

Aussi qu'arrive-t-il? Le prolétaire est resté en dehors. Les chambres, élues par les accapareurs de pouvoir, poursuivent imperturbablement leur fabrication de lois fiscales, pénales, administratives, dirigées dans le même but de spoliation. Maintenant que le peuple aille, en criant la faim, demander aux privilégiés d'abdiquer leurs priviléges, aux monopoleurs de renoncer à leur monopole, à tous d'abjurer leur oisiveté, ils lui riront au nez. Qu'eussent fait les nobles en 89, si on les eût humblement suppliés de déposer leurs droits féodaux? ils auraient châtié l'insolence.... On s'y est pris autrement.

Les plus habiles de cette aristocratie sans entrailles, sentant tout ce qu'il y a de menaçant pour eux dans le désespoir d'une multitude privée de pain, proposent d'alléger un peu sa misère, non par humanité, à Dieu ne plaise! mais pour se sauver du péril. Quant aux droits politiques, il n'en faut pas parler, il ne s'agit que de jeter aux prolétaires un os à ronger.

D'autres hommes, avec de meilleures intentions. prétendent que le peuple est las de liberté et ne demande qu'à vivre. Je ne sais quelle vélléité de despotisme les pousse à exalter l'exemple de Napoléon, qui sut rallier les masses en leur donnant du pain en échange de la liberté. Il est vrai que ce despote niveleur se soutint quelque temps, et ce fut surtout en flattant la passion de l'égalité, car il faisait fusiller les fournisseurs voleurs, qui en seraient quittes aujourd'hui pour être députés. Il n'en périt pas moins pour avoir tué la liberté. Cette leçon devrait profiter à ceux qui veulent se porter ses héritiers.

Il n'est pas permis d'arguer des cris de détresse d'une population affamée, pour redire le mot insolent de Rome impériale : *Panem et circenses !* Qu'on sache bien que le peuple ne mendie plus ! Il n'est pas question de laisser tomber d'une table splendide quelques miettes pour l'amuser ; le peuple n'a pas besoin d'aumônes; c'est de lui-même qu'il entend tenir son bien-être. Il veut faire et il fera les lois qui doivent le régir : alors ces lois ne seront plus faites contre lui; elles seront faites pour lui, parce qu'elles le seront par lui. Nous ne reconnaissons à personne le droit d'octroyer je ne sais quelles largesses qu'un caprice contraire pourrait révoquer. Nous demandons que les trente-trois millions de Français choisissent la forme de leur gouvernement, et nomment, par le suffrage universel, les représentans qui auront mission de faire les lois. Cette réforme accomplie, les impôts qui dépouillent le pauvre au profit du riche seront promptement supprimés et remplacés par d'autres établis sur des bases contraires. Au lieu de prendre aux prolétaires laborieux pour donner aux riches, l'impôt devra s'emparer du superflu des oisifs pour le répartir entre cette masse d'hommes indigens que le manque d'argent condamne à l'inaction ; frapper les consommateurs improductifs pour féconder les sources de la production ; faciliter de plus en plus la suppression du crédit public, cette plaie sanieuse du pays ; enfin substituer au funeste tripotage de bourse un système de banques nationales où les hommes actifs trouveront des élémens de fortune. Alors, mais seulement alors, les impôts seront un bienfait.

Voilà, Messieurs, comme nous entendons la république, pas autrement. 93 est un épouvantail bon pour les portières et les joueurs de domino. Notez, Messieurs, que c'est à dessein que j'ai prononcé ce mot de suffrage universel, pour montrer notre mépris de certains rapprochemens. Nous savons bien tout ce qu'un gouvernement aux abois met en œuvre de mensonges, de calomnies, de contes ridicules ou perfides, pour redonner quelque créance à cette vieille histoire qu'il exploite depuis si long-temps, d'une alliance entre les républicains et les carlistes, c'est-à-dire entre ce qu'il y a de plus antipathique au monde. C'est là son ancre de salut, sa grande ressource pour retrouver quelque appui ; et les plus stupides conspirations de mélodrame, les plus odieuses farces de police, ne lui paraissent pas un jeu trop dangereux, s'il parvient, en effrayant la France du carlisme qu'elle déteste, à la détourner quelques jours encore des voies républicaines où l'instinct de son salut la précipite. Mais à qui persuadera-t-on la possibilité de cette union contre nature ? Les carlistes n'ont-ils pas sur les mains le sang de nos amis morts sur les échafauds de la restauration? Nous ne sommes pas si oublieux de nos martyrs. N'est-ce pas contre l'esprit révolutionnaire, représenté par le drapeau tricolore, que les Bourbons ont ameuté l'Europe pendant vingt-cinq ans, et qu'ils cherchent encore à l'ameuter? Ce drapeau n'est pas le vôtre, apôtres de la quasi-légitimité ! c'est celui de la république ! C'est nous, républicains, qui l'avons relevé en 1830, sans vous et malgré vous, qui le bruliez en 1815; et l'Europe sait bien que la France républicaine seule le défendra, quand il sera de nouveau assailli par les rois. S'il y a quelque part alliance naturelle, c'est entre vous et les carlistes ; non pas que le même homme vous convienne pour le moment ; ils tiennent au leur qui n'est pas ici ; mais vous feriez probablement bon marché du vôtre, par accommodement et pour mieux arriver à la chose que vous souhaitez en commun avec eux, d'autant que vous ne feriez en cela que retourner à votre ancien ratelier.

En effet, le mot de carlistes est un non-sens ; il n'y a et ne peut y avoir en France que des royalistes et des républicains. La question se tranche chaque jour davantage entre ces deux principes; les bonnes gens qui avaient cru à un troisième principe, espèce de genre neutre appelé juste milieu, abandonnent petit à petit cette absurdité, et reflueront tous vers l'un ou l'autre drapeau, selon leur passion et leur intérêt. Or, vous, hommes monarchiques, qui faites de la monarchie comme vous parlez, on sait sous quelle bannière vos doctrines vous appellent. Vous n'avez pas attendu dix-huit mois pour la choisir. Le 28 juillet 1830, à dix heures du matin, m'étant avisé de dire dans le bureau d'un journal, que j'allais prendre mon fusil et ma cocarde tricolore, l'un des puissans personnages d'aujourd'hui s'écria, plein d'indignation : « Monsieur, les couleurs tricolores peuvent bien être les vôtres, mais elles ne seront jamais les miennes; le drapeau blanc est le drapeau de la France. » Alors comme à présent ces messieurs faisaient tenir la France sur un canapé.

Eh bien ! nous, nous avons conspiré quinze ans contre le drapeau blanc, et c'est en grinçant les dents que nous le voyions flotter sur les Tuileries et sur l'Hôtel-de-Ville, où l'étranger l'avait planté. Le plus beau jour de notre vie a été celui où nous l'avons traîné dans la boue des ruisseaux, et où nous avons foulé aux pieds la cocarde blanche, cette prostituée des camps ennemis. Il faut une rare dose d'impudence pour nous jeter au nez cette accusation de connivence avec le royalisme ; et d'un autre côté c'est une bien maladroite hypocrisie que de s'apitoyer sur notre prétendue crédulité, sur notre bonhommie niaise, qui nous rend, dit-on, dupes des carlistes. Si je parle ainsi, ce n'est point pour insulter des ennemis à terre ; ils se disent forts, ils ont leur Vendée ; qu'ils recommencent, nous verrons !

Au reste, je le répète, il y aura bientôt nécessité d'opter entre la monarchie monarchique et la république républicaine ; on verra pour qui est la majorité. Déjà même, si l'opposition de la chambre des députés, toute nationale qu'elle est, ne peut rallier complètement le pays; si elle donne le droit au gouvernement de l'accuser d'incapacité et d'impuissance, c'est que, tout en repoussant nettement la royauté, elle n'a pas osé se déclarer avec la même franchise pour la république ; c'est qu'en disant ce qu'elle ne voulait pas, elle n'a pas articulé ce qu'elle voulait. Elle ne se résout pas à décliner ce mot de république, dont les hommes de la corruption s'efforcent de faire peur à la nation, sachant bien que la nation veut la chose presque unanimement. On a défiguré l'histoire, depuis quarante ans, avec un succès incroyable, dans ce but d'effrayer; mais les dix-huit derniers mois ont détrompé de bien des erreurs, dissipé bien des mensonges, et le peuple ne prendra plus long-temps le change. Il veut à la fois la liberté et le bien-être.

C'est une calomnie de le représenter comme prêt à donner toutes ses libertés pour un morceau de pain : il faut renvoyer cette imputation aux athées politiques qui l'ont lancée. N'est-ce pas le peuple qui, dans toutes les crises, s'est montré prêt à sacrifier son bien-être et sa vie pour des intérêts moraux? N'est-ce pas le peuple qui demandait à mourir, en 1814, plutôt que de voir l'étranger dans Paris? Et cependant, quel besoin matériel le poussait à cet acte de dévouement? il avait du pain le 1er avril aussi bien que le 30 mars.

Ces privilégiés, au contraire, qu'on aurait supposé si faciles à remuer par les grandes idées de patrie et d'honneur, en raison de l'exquise sensibilité qu'ils doivent à l'opulence; qui auraient pu du moins calculer mieux que d'autres les funestes conséquences de l'invasion étrangère; ne sont-ce pas eux qui ont arboré la cocarde blanche en présence de l'ennemi, et embrassé les bottes du cosaque? Quoi! des classes qui ont applaudi au déshonneur du pays, qui professent hautement un dégoûtant matérialisme, qui sacrifieraient mille ans de liberté, de prospérité et de gloire à trois jours d'un repos acheté par l'infamie, ces classes auraient en leurs mains le dépôt exclusif de la dignité nationale! Parce que la corruption les a abruties, elles ne reconnaîtraient au peuple que des appétits de brute, afin de s'arroger le droit de lui dispenser ce qu'il faut d'alimens pour entretenir sa végétation animale qu'elles exploitent!

Ce n'est pas la faim non plus qui, en juillet, a poussé les prolétaires sur la place publique; ils obéissaient à des sentimens d'une haute moralité, le désir de se racheter de la servitude par un grand service rendu au pays, la haine des Bourbons surtout! car le peuple n'a jamais reconnu les Bourbons; il a couvé sa haine 15 ans, épiant en silence l'occasion de se venger; et quand sa main puissante a brisé leur joug, elle a cru déchirer en même temps les traités de 1815. C'est que le peuple est un plus profond politique que les hommes d'état; son instinct lui disait qu'une nation n'a point d'avenir, quand son passé est grevé d'une honte qui n'a point été lavée. La guerre donc! non point pour recommencer d'absurdes conquêtes, mais pour relever la France d'interdiction, pour lui rendre l'honneur, condition première de prospérité; la guerre! afin de prouver aux nations européennes nos sœurs, que, loin de leur garder rancune de l'erreur fatale pour nous et pour elles, qui les conduisit en armes au sein de la France en 1814, nous savions venger elles et nous en châtiant les rois menteurs, et en portant à nos voisins la paix et la liberté! Voilà ce que voulaient les 30 millions de Français qui ont salué avec enthousiasme l'ère nouvelle.

Voilà ce qui devait sortir de la révolution de juillet. Elle est venue pour servir de complément à nos quarante années révolutionnaires. Sous la république, le peuple avait conquis la liberté au prix de la famine; l'empire lui avait donné une sorte de bien-être en le dépouillant de sa liberté. Les deux régimes surent glorieusement rehausser la dignité extérieure, ce premier besoin d'une grande nation. Tout périt en 1815, et cette victoire de l'étranger dura quinze ans. Qu'était-ce donc que le combat de juillet, sinon une revanche de cette longue défaite, et la chaîne de notre nationalité renouée? Et toute révolution étant un progrès, celle-ci ne devait-elle pas nous assurer la jouissance complète des biens que nous n'avions obtenus jusque-là que partiellement, nous rendre enfin tout ce que nous avions perdu par la restauration?

Liberté! bien-être! dignité extérieure! telle était la devise inscrite sur le drapeau plébéien de 1830. Les doctrinaires y ont lu : *Maintien de tous les priviléges! Charte de* 1814! *quasi-légitimité!* En conséquence, ils ont donné au peuple la servitude et la misère au-dedans, au-dehors l'infamie. Les prolétaires ne se sont-ils donc battus que pour un changement d'effigie sur ces monnaies qu'ils voient si rarement? Sommes-nous à ce poiut curieux de médailles neuves, que nous renversions des trônes pour nous passer cette fantaisie? C'est l'opinion d'un publiciste ministériel qui assure qu'en juillet nous avons *persisté* à vouloir la monarchie constitutionnelle, avec la variante de Louis-Philippe à la place de Charles X. Le peuple, selon lui, n'a pris part à la lutte que comme instrument des classes moyennes; c'est-à-dire que les prolétaires sont des gladiateurs qui tuent et se font tuer pour l'amusement et le profit des privilégiés, lesquels applaudissent des fenêtres... bien entendu la bataille finie. La brochure qui contient ces belles théories de gouvernement représentatif a paru le 20 novembre; Lyon a répondu le 21. La réplique des Lyonnais a paru si péremptoire, que personne n'a plus dit un mot de l'œuvre du publiciste.

Quel abîme les événemens de Lyon viennent de dévoiler aux yeux! Le pays entier s'est ému de pitié à la vue de cette armée de spectres à demi consumés par la faim, courant sur la mitraille pour mourir au moins d'un seul coup.

Et ce n'est pas seulement à Lyon, c'est partout que les ouvriers meurent écrasés par l'impôt. Ces hommes, si fiers naguère d'une victoire qui liait leur avénement sur la scène politique au triomphe de la liberté; ces hommes auxquels il fallait toute l'Europe à régénérer, ils se débattent contre la faim, qui ne leur laisse plus assez de force pour s'indigner de tant de déshonneur ajouté au déshonneur de la restauration. Le cri de la Pologne expirante n'a pu même les détourner de la contemplation de leurs propres misères, et ils ont gardé ce qui leur reste de larmes pour pleurer sur eux et sur leurs enfans. Quelles souffrances que celles qui ont pu faire oublier si vite les Polonais exterminés!

Voilà la France de juillet telle que les doctrinaires nous l'ont faite. Qui l'eût dit! dans ces jours d'énivrement, lorsque nous errions machinalement, le fusil sur l'épaule, au travers des rues dépavées et des barricades, tout étourdis de notre triomphe, la poitrine gonflée de bonheur, rêvant la pâleur des rois et la joie des peuples quand viendrait à leurs oreilles le mugissement lointain de notre *Marseillaise;* qui l'eût dit que tant de joie et de gloire se changerait en un tel deuil! Qui eût pensé, en voyant ces ouvriers grands de six pieds, dont les bourgeois, sortis tremblans de leurs caves, baisaient à l'envi les haillons, et redisaient le désintéressement et le courage avec des sanglots d'admiration, qui eût pensé qu'ils mourraient de misère sur ce pavé, leur conquête, et que leurs admirateurs les appelleraient *la plaie de la société!*

Ombres magnanimes! glorieux ouvriers, dont ma main a serré la main mourante en signe d'adieu, sur le champ de bataille, dont j'ai voilé avec des haillons le visage agonissant, vous mourriez heureux au sein d'une victoire qui devait racheter votre race; et six mois plus tard, j'ai retrouvé vos enfans au fond des cachots, et chaque soir je m'endormais sur mon grabat, au bruit de leurs gémissemens, aux imprécations de leurs bourreaux, et au sifflement du fouet qui faisait taire leurs cris.

Messieurs, n'y a-t-il pas quelque imprudence dans ces outrages prodigués à des hommes qui ont fait l'essai de leur force, et qui se trouvent dans une condition pire que celle qui les poussa au combat? Est-il sage d'apprendre si amèrement au peuple qu'il a été dupe de sa modération dans le triomphe? Est-on tellement certain de ne plus avoir besoin de la clémence des prolétaires, qu'on puisse, avec pleine sécurité, s'exposer à les trouver impitoyables? Il semble qu'on ne prenne d'autres précautions contre les vengeances populaires que d'en exagérer d'avance le tableau, comme si cette exagération, les peintures imaginaires de meurtre et de pillage étaient le seul moyen d'en conjurer la réalité. Il est aisé de mettre la baïonnette sur la poitrine à des hommes qui ont rendu leurs armes après la victoire.

Ce qui sera moins facile, c'est d'effacer le souvenir de cette victoire. Voici bientôt dix-huit mois employés à reconstruire pièce à pièce ce qui fut renversé en quarante-huit heures, et les dix-huit mois de réaction n'ont pas même ébranlé l'ouvrage des trois jours. Nulle force humaine ne saurait repousser dans le néant le fait qui s'est accompli. Demandez à celui qui se plaignait d'un effet sans cause, s'il se flatte qu'il puisse y avoir des causes sans effets. La France a conçu dans les embrassemens sanglans de six mille héros; l'enfantement peut-être long et douloureux; mais les flancs sont robustes, et les empoisonneurs doctrinaires ne la feront point avorter.

Vous avez confisqué les fusils de juillet. Oui; mais les balles sont parties. Chacune des balles des ouvriers parisiens est en route pour faire le tour du monde; elles frappent incessamment; elles frapperont jusqu'à ce qu'il n'y ait plus debout un seul ennemi de la liberté et du bonheur du peuple.

Les Jurés, après trois heures de délibération, déclarent à l'unanimité tous les prévenus non-coupables.

M. Delapalme, avocat-général, requiert contre le prévenu Blanqui une peine correctionnelle pour différens passages de sa défense.

LE PRÉSIDENT. Prévenu Blanqui, avez-vous quelques observations à présenter?

BLANQUI. Je dis que ce réquisitoire est inconcevable. Je ne puis en parler sérieusement.... Je ris.... mais en vérité c'est d'un rire singulier. Si je voulais dire tout ce que j'ai sur le cœur, je provoquerais bien d'autres réquisitoires... Je n'ajouterai qu'un mot. Le 29 juillet, je suis entré ici à la tête du peuple en armes.... De la pointe de nos baïonnettes nous avons déchiré les fleurs de lys que vos yeux chercheront inutilement désormais dans cette enceinte... Croyez-vous que c'était à de vains emblêmes que s'adressaient nos baïonnettes?.... Non.... c'est aux magistrats prévaricateurs qui avaient souillé 15 ans ces siéges de leur présence... Nous pensions avoir nettoyé le temple de la justice.... Nous nous sommes trompés. En cela, comme en tout, on a fait mentir la révolution de juillet... mais le souvenir de ces journées devrait leur servir de leçon.

La Cour, après un quart-d'heure de délibération, prononce contre les prévenus un arrêt dont voici l'extrait :

En ce qui touche Louis-Auguste Blanqui, considérant qu'il s'est rendu coupable d'avoir cherché à troubler la paix publique en excitant le mépris et la haine des citoyens contre plusieurs classes de personnes qu'il a désignées tour-à-tour par les noms de *riches privilégiés* et *bourgeois* dans divers passages du discours sus-énoncé, et notamment dans les passages suivans :

Oui, ceci est la guerre entre les riches et les pauvres; les riches l'ont voulu, parce qu'ils ont été les agresseurs.

Les privilégiés vivent grassement de la sueur des pauvres. La chambre des Députés, machine impitoyable qui broie 25 millions de paysans et 5 millions d'ouvriers, pour en tirer la substance qui est transvasée dans les veines des privilégiés.

Les impôts, pillage des oisifs sur les classes laborieuses.

Qui aurait pu penser que les bourgeois appelleraient les ouvriers la plaie de la société (1).

Délit prévu par l'art. 1 de la loi du 17 mai 1829, 10 de la loi du 25 mars 1822,

Condamne Louis-Auguste Blanqui à un an d'emprisonnement et 200 fr. d'amende.

UN JURÉ. C'est une chose abominable; il n'y a plus d'institution du jury, ce n'est pas la peine de nous faire venir ici.

(1) Il faut remarquer que les passages cités par l'arrêt de la Cour, sont tronqués et travestis pour la plupart.

Paris, AUGUSTE MIE, Imprimeur, rue Joquelet, n. 9.

www.ingramcontent.com/pod-product-compliance
Ingram Content Group UK Ltd.
Pitfield, Milton Keynes, MK11 3LW, UK
UKHW020552230726
13925UKWH00006B/2554

9 782019 223144